제주 해녀 항일 운동가 부춘화

제주 해녀
항일 운동가
부춘화

신혜경, 한민혁 글
김병하 그림

보리

인물 이야기

부춘화

1908년~1995년

1908년(1세)
제주에서 태어남.

1923년(16세)
학교에 다니기 시작함.

1932년(25세)
제주 해녀 항일 운동을 주도함.

1922년(15세)
해녀가 됨.

1928년(21세)
하도리 해녀 회장이 됨.

1995년(88세)
세상을 떠남.

제주 해녀 항일 운동을 이끌었던 **부춘화**

부춘화는 해녀 독립운동가야.
1908년 제주도 구좌읍 하도리에서 태어났고,
열다섯 살에 처음 물질을 배워 잠녀가 되었어.
잠녀는 바닷속으로 잠수해서 해산물을 캐는
해녀를 이르는 제주 말이야.
해녀들은 산소통도 없이 빗창과 갈고리만 쥐고서
거친 바닷속에 맨몸으로 들어가.
위험하기 때문에 늘 여럿이 함께 일하고,
좋은 해산물이 많아도 욕심내지 않아.
어린 것들은 바다에 남겨 두지.
바다에 기대어 살고, 바다를 가꾸며 사는 이들이 바로 해녀야.
이들은 일제 강점기 때 항일 운동을 일으켰어.
해녀 1만 7천여 명이 한 해 동안 200번 넘게 집회를 열어
바다와 제주 그리고 스스로를 지키고자 싸웠지.
여성이 이끈 항일 운동 가운데 규모가 가장 컸어.

해녀는 제주의 살림살이를
책임지는 큰 일꾼이야.

아주 오랜 옛날부터 바다를
제집처럼 드나들며 귀한
해산물을 캐어 살림을 꾸렸지.
조선 시대에는 해산물을 나라에
공물로 바쳐야 했는데, 바치고 남은
것으로 살림을 하려니 해녀들은
몸이 부서지도록 일해야 했어.

일제 강점기 때 일본은 더 혹독하게 해산물을 빼앗아 갔어. 해녀를 보호하기 위해 만든 해녀 조합은 언젠가부터 일본 앞잡이 노릇을 하며 헐값에 해산물을 가져갔어.

아무리 열심히 물질을 해도 살림은 나아지지 않았지. 일본 어부들은 신식 장비를 갖추고 몰려와 해녀들이 소중하게 가꿔 온 제주 바다를 마구잡이로 휩쓸고 다녔어.

어려운 살림 탓에 부춘화는 일찍부터 집안일을 했고, 열다섯 살 때부터 물질을 나갔어.

그러다 열여섯 살이 된 1923년, 처음으로 학교에 다니게 돼. 제주 청년 지식인들이 하도 보통학교에 야학 강습소를 세운 거야. 춘화는 낮에는 물질하고, 밤에는 해녀 동무들과 함께 야학에 다니며 글과 셈을 배웠어. 하지만 식구들은 춘화가 야학에 다니는 걸 좋아하지 않았어.

"계집애가 물질하다 나이가 차면
결혼이나 할 것이지, 쓸데없이 글은
왜 배우러 다니느냐!"

그래도 춘화는 야학에 하루도
빠지지 않았어. 춘화에게 이곳은
바다만큼이나 중요한 삶의
터전이었거든. 춘화는 야학을
통해 자기가 어떤 사람인지
고민하게 되었어. 여자는 물질만
하다 결혼하면 된다는 어른들
말이 옳지 않다는 걸 알게 되었지.

다들 그렇게 산다고 해서
그 길이 정답은 아니라는 걸
깨달은 거야.

야학 학생들은 모두 춘화와 같은 해녀들이었어.
하루는 셈을 배웠는데, 동무 김계석이 선생님에게
물었어.
"선생님, 20이 두 개면 40인가요?"
"맞습니다, 계석 학생."
"그렇다면 우리가 속은 것 같아요. 지난번에 캔 감태를
일본 상인에게 팔았는데, 양이 스무 근이 안 된다면서
욕을 하고 돈도 적게 주었어요. 그런데 분명 저울에는
20이라고 쓰인 추가 두 개 얹혀 있었어요."

상인이 해녀들을 속여 반값도 안 되는 돈을 주었던
거야. 계석은 분해서 눈물을 흘렸어. 이때 춘화가 손을
번쩍 들었어.

"저울 보는 법 좀 가르쳐 주세요.
다시는 속지 않게 다른 해녀들한테도
알려 주고 싶어요."

춘화는 야학 강습소 첫 번째 졸업생이 되었고, 자기가 배운 것을 토대로 해녀들을 위해 일하고 싶었어. 그래서 스물한 살 어린 나이로 구좌면 해녀 조합의 회장을 나서서 맡았지. 1930년대에는 일본의 수탈*이 견딜 수 없을 만큼 심해졌어. 일본인 도지사가 해녀 조합 조합장까지 맡았고, 해녀 조합은 해녀들이 캔 해산물을 부당하게 빼앗아 갔어.

*수탈 : 강제로 빼앗는 것을 일컫는 말.

해녀들은 어쩔 도리가 없었어. 조합을 통하지 않고는 해산물을 팔 수가 없었고, 조합에서 나가면 물질도 할 수 없었거든. 한번은 조합에서 전복과 감태를 터무니없이 싼 값에 사려고 해서 해녀들이 크게 항의했어. 조합은 값을 올려주겠다 했지만 말뿐이었어.

춘화는 더 이상 두고 볼 수 없었어. 해녀 조합에 직접
찾아가 요구하는 시위를 계획했지. 동무들을 모아
이웃 마을 해녀들에게 진상을 알리고, 야학 선생님들,
동무들과 의논하여 요구안을 만들었어. 그리고 세화리
장날을 시위 날로 정했어.

'잠녀들은 동무를 센 바당*에 절대
혼자 나가게 하지 않는다.'는 말이 있어.
해녀들은 늘 함께하며 서로를 지켜
준다는 뜻이지.

해녀 조합의 착취를 알게 된 구좌면 해녀들은 함께
시위에 나서기로 했어.

*바당 : '바다'를 뜻하는 제주 말.

춘화는 앞장서서 큰 소리로 요구안을 외쳤어. 시위대도 뒤따라 외쳤지.
"조합은 해녀들을 속이지 말라! 해녀들이 잡은 해산물 값을 제대로 쳐 달라!"

구좌면 해녀 조합 책임자가 달려와 으름장을 놓았지만 해녀들은 물러서지 않았어. 끝내 책임자는 요구안을 해녀 조합 본부에 전하겠다고 약속했어.

하지만 요구안은 하나도 받아들여지지 않았고,
해녀들은 너무나 화가 났어. 춘화는 새로 온 일본인
도지사가 세화리 오일장에 온다는 소식을 듣고
해녀들을 다시 모았어.
"이번에는 일본인 도지사에게 직접 말합시다."
1월 12일, 구좌면 해녀와 주민 천여 명이 세화리
오일장에 모여 만세를 외쳤어. 춘화는 이들 앞에서
연설했어.

"해녀 조합은
　해녀들의 권리를 지켜라!
　악질 일본 상인과
　무역상은 물러나라!"

도지사가 탄 차가 장터에서
빠져나가려 하자 해녀들이 에워쌌어.
일본 순사들이 칼로 위협하며
해산시키려고 했지만, 해녀들은 서로
팔짱을 끼며 맞섰어.
"우리의 요구에 칼로써 맞선다면,
우리는 죽음으로 맞서겠다!"
마침내 춘화는 해녀 대표로 도지사를
만나 요구안을 전하고 경고했어.
"약속을 지키지 않으면 우리는 바로
다시 모일 것이고, 더 맹렬히 투쟁할
것이오."

그러나 시위가 끝난 뒤 구좌면에 일본 경찰이 들이닥쳤고, 시위를 이끈 해녀들과 청년들을 체포해 갔어. 몸을 피했던 춘화는 동무들을 구하기 위해 해녀 500여 명을 이끌고 세화리 주재소를 습격했어. 하지만 그 과정에서 많은 해녀들이 다치고 춘화도 체포되어 혹독한 고문을 받았지.

"누가 시켰느냐? 누가 시위를 이끌었느냐?"
일본 경찰이 물을 때마다 춘화는 대답했어.
"나요. 나 말고 다른 이는 없소."

춘화는 감옥에 갇혔지만, 해녀들은 그 뒤로도 200번
넘게 시위를 벌였어.

부춘화는 1995년에 세상을 떠났고,
8년 뒤인 2003년, 해녀 항쟁 70여 년 만에
동무 김옥련, 부덕량과 함께
독립운동 유공자로 인정받았어.

역사 이야기

탐라국으로 시작해 저항의 섬이 된
제주도의 역사

신이 빚은 섬, 제주도

신비로운 곶자왈 숲과 쪽빛 바다,
바람 부는 오름과 눈 덮인 한라산,
그리고 노란 유채꽃이 펼쳐진 들판…….
'제주도' 하면 그림 같은 자연 풍경이 먼저 떠올라.
그런데 제주도는 아름다운 풍경만큼이나
흥미로운 이야기가 많이 숨어 있는 곳이기도 해.
오랫동안 '탐라'라는 이름으로 불리며
독특한 언어와 문화를 발전시켰던 제주,
여러 신화와 전설을 머금은 섬 제주,
용감한 해녀들의 터전인 제주,
그 제주의 역사에 대해 이야기해 줄게.

제주 창세 신화, 설문대할망

세상은 어떻게 만들어졌을까?

사람들은 늘 세상이 어떻게 만들어졌는지 궁금해했어.
아주 먼 옛날에도 이런 궁금증은 똑같았지.
옛날 사람들은 이야기를 만들어 그 궁금증을 풀곤 했는데
이런 이야기를 '창세 신화'라고 해.
제주에도 재미있는 창세 신화가 있어.
한번 들어 볼래?

설문대할망 이야기

옛날에 설문대할망이라는 신이 있었어.
할망은 아주 큰 거인이어서
깊은 바다도 참방참방 걸을 수 있었지.
어느 날 할망이 흙을 날라 섬을 하나 만들었어.
그리고 한가운데를 우뚝 솟게 빚었어.
이게 바로 한라산이야.
그런데 한라산 꼭대기가 뾰족해서 앉기가 불편한 거야.
할망은 산꼭대기를 떼어 바다에 던졌어.

그렇게 움푹 패인 곳이 백록담이 되고,
던진 흙덩이는 제주 둘레 작은 섬들이 되었대.
산을 만들다가 조금씩 흘린 흙은 제주 곳곳 오름이 되었지.

제주를 빚은 여자 신, 할망

'할망'은 제주에서 할머니를 부르는 말이기도 하지만,
위대하고 거룩한 어머니, 여자 신이라는 뜻도 있어.
보통 신화에서는 남자 신이 세상을 만드는 경우가 많지만
제주를 빚은 건 여자 신 '할망'이야.
그래서일까? 옛날부터 제주는 여자들이 당당하게
자기 목소리를 내던 고장이야.

제주 역사의 시작, 탐라국

독립된 나라였던 탐라국

제주는 오랫동안 한반도 육지와는
다른 문화를 지닌 독립된 나라였어.
이때의 제주를 '탐라국'이라고 불러.
탐라국이 처음 역사 기록에 등장한 건 삼국 시대 때야.
백제에 조공을 보내고, 삼국 통일 뒤에는
통일 신라 왕에게 선물을 바쳤대.

탐라국은 어떻게 세워졌을까?

'탐라'는 너무 오래전 말이라 무슨 뜻인지,
어디서 온 말인지 알기 어려워.
한자가 가진 뜻으로는 '둥근 섬나라'라고도 하고,
'먼바다의 섬나라'라고도 해.
이런 탐라국은 어떻게 세워졌을까?
이야기에는 이렇게 전해져.

탐라에 사람이 없던 시절, 양을나, 고을나, 부을나라는 신비로운 세 사람이 땅에서 솟아났어.

세 형제는 사냥한 고기나 낚시한 물고기를 먹으며 살았지.

어느 날, 세 여인이 망아지와 송아지, 곡식 씨앗을 가지고 바다를 건너왔어.

세 형제는 세 여인과 결혼하여 저마다 비옥한 땅을 찾아가 식구를 꾸렸어.

그렇게 정착해 집을 짓고, 농사를 짓고,
가축도 키우면서 점차 마을을 이루었지.
이게 바로 탐라국의 시작이야.
고구려, 백제, 신라가 시작된 신화를 보면
나라를 세운 왕이 하늘에서 내려오거나 알에서 태어나.
그런데 제주 신화에서 탐라국을 세운 왕은
높디높은 통치자라기보다는 가깝고 친근한 존재야.
제주에는 지금도 고씨, 부씨, 양씨 성을 가진 사람들이 많아.
앞서 만난 부춘화도 부씨잖아?
세 형제가 솟아난 구멍 세 개는 '삼성혈'이라고 하는데,
제주 시내에 가면 지금도 볼 수 있어.
제주에서 오래된 중국 동전이 발견되었는데,
이를 보면 탐라국은 한반도뿐 아니라
바다 건너 여러 나라와 교류하며
자기들만의 역사를 쓴 것으로 보여.

고려와 몽골 사이에 낀 제주

고려의 행정 구역이 된 탐라국

고려 초기까지 독립국이었던 탐라국은
점차 고려에 속한 지방 행정 구역이 돼.
처음에는 '탐라군'이라고 불리다가
'제주'로 이름이 바뀌었지.
제주는 '바다를 건너가는 고을'이라는 뜻이야.

전쟁에 휘말린 제주

고려 시대 때 제주는 원치 않는 싸움에
여러 번 휘말리게 돼.
13세기 중반, 고려는 몽골 제국과 오랫동안 전쟁을 치렀어.
그러다 결국 항복하고, 몽골 제국의 간섭을 받게 되었지.
그런데 이때 항복하지 않고 끝까지 싸움을
이어 나간 군인들이 있어. 이들을 '삼별초'라고 해.
삼별초는 자기들만의 왕을 세우고 열심히 싸웠지만
밀리고 밀려 제주까지 내려왔어.
제주는 삼별초와 몽골 제국의 마지막 싸움터가 되었지.

기나긴 전투 끝에 삼별초는 무너졌고,
몽골 제국은 제주까지 점령했어.

몽골의 탐라총관부가 된 제주

유목민인 몽골 사람들이 보기에
제주 들판은 말을 키우기 좋은 땅이었어.
그래서 몽골 제국은 제주에 탐라총관부를 설치하고
몽골 사람을 데려다 말 목장을 관리하게 했어.
이들을 목호라고 불러.
그렇게 제주는 탐라총관부라는 이름으로
100년 동안 몽골 제국의 지배를 받게 돼.

목호의 난

1352년, 고려에는 31대 왕인 공민왕이 즉위했어.
공민왕은 몽골의 간섭으로부터 완전히 독립하길 원했지.
제주에도 군대를 보내 땅을 되찾으려 했어.
하지만 순순히 물러날 목호들이 아니었지.
마침내 새별오름 들판에서 고려군과
목호 사이에 전쟁이 벌어졌어.
이를 '목호의 난'이라고 해.
고려군은 저항하는 몽골 사람을 죽였어.
그 과정에서 많은 제주 사람이 목숨을 잃었지.
제주는 다시 고려 땅이 되었지만,
제주 사람들에게는 깊은 상처가 남았어.
당시 이들에게는 몽골이나 고려나
모두 바깥에서 온 침입자였거든.

조선의 한 고을이 된 제주

임금한테 바쳐야 했던 공물

고려가 무너지고 새로운 나라 조선이 세워졌어.
제주는 이제 조선의 한 고을이 되었지.
조선 임금은 먼 제주까지 사또를 보내 다스리게 했어.

제주와 육지는 더욱 가까운 사이가 되었지만
제주 사람들은 어쩌면 더 고통스러운 날을 보내야 했어.
말과 귤, 약재, 해산물, 산짐승 따위의
온갖 공물을 임금한테 바쳐야 했거든.
제주에서 한양으로 공물을 보내는 일은
다른 육지 고을에서 보내는 것보다
훨씬 힘들고 위험한 일이었어.
이 때문에 사람들이 제주를 빠져나가자
인조 임금 때는 관청 허락 없이는
섬 밖으로 나갈 수 없게 막았지.

독특한 언어와 문화를 키워 나간 제주

제주 사람들은 200년 가까이 섬을 떠날 수도,
한양에 올라가 관료가 될 수도 없었어.
그런데 한편으로는 이런 고립 때문에
제주만의 독특한 언어와 문화가 발달할 수 있었지.
제주는 벌 받은 관리가 쫓겨나 유배 오는 곳이기도 했어.
붓글씨로 이름난 추사 김정희도 제주로 유배를 왔는데,
그때 쓴 글씨체가 바로 '추사체'야.

저항의 섬, 일제 강점기의 제주

제주 자원을 마구잡이로 빼앗아 간 일본

일제 강점기에 일본은 제주의 풍부한 자원에
눈독을 들여 마구잡이로 빼앗아 갔어.
감태는 일본 화장품 재료로 쓰였고,
우뭇가사리는 양갱이라는 일본 과자로 만들어졌어.
전복은 멀리 홍콩과 중국 상하이까지 팔려 갔지.
제주 곳곳에는 일본 통조림 공장이 세워졌어.

일제의 억압에 맞선 제주 해녀의 투쟁

해산물을 헐값에 가져가니 해녀들이
목숨 걸고 물질을 해도 손에 남는 건 별로 없었어.
그래서 1932년, 부춘화와 해녀들이 일본 경찰의
총검에 맞서 낫과 빗창을 들고 자유와 권리를 외친 거야.
이때 해녀들이 벌인 투쟁이 세상에 알려지기까지
꽤 오랜 시간이 걸렸어.
제주 해녀는 제주 바다를 지키고,
제주 사람들을 지켜 낸 용맹한 제주의 뿌리이자 기둥이었어.

지금 제주 해녀는 국가 중요 어업 유산 1호야.
2016년에는 유네스코 인류 무형 문화 유산이 되었지.

🔸 소곤소곤 뒷이야기

배우겠다는
마음만 있으면 언제든!

조선 말, 서구의 힘센 나라들이 조선을 탐내며 인천 앞바다에 나타났어.
나라가 위태로워지자 뜻있는 사람들은 학교를 세우기 시작했지.
아이들이 배워야 나라가 튼튼해진다고 믿었거든.
1905년 무렵에는 전국에 천 개 가까운 사립학교가 세워졌어.
하지만 일제 강점기에는 일본의 감시와 통제가 너무 심해
학교를 이어 가기 힘들었어. 그래서 몰래 밤에만 여는
공부방을 만들었지. 이것이 바로 '야학'이야.
학교 갈 형편이 안 되는 이들은 야학에 가서 배우며
독립에 대한 꿈을 키웠어. 야학은 해방 뒤에도 이어졌어.
1960~70년대에는 공장에서 일하느라 학교에 다니지 못하는
노동자들이 야학에서 공부에 대한 목마름을 달랬어.
요즘에도 야학에 다니며 젊은 시절 못다 한
공부의 꿈을 이루는 어르신들이 있어.
배움에는 때와 장소도 없고, 나이도 없으니까.
오로지 배우겠다는 마음이면 충분한 거야.

역사 인물 돋보기: 독립+인권 01
제주 해녀 항일 운동가 부춘화

2025년 8월 7일 1판 1쇄 펴냄
글 신혜경, 한민혁 | 그림 김병하

편집 김누리, 김성재, 이정희, 임헌
디자인 박진희 | **제작** 심준엽
영업마케팅 심규완, 양병희, 윤민영 | **영업관리** 안명선
새사업부 조서연 | **경영지원실** 차수민
인쇄와 제본 (주)상지사 P&B

펴낸이 유문숙 | **펴낸 곳** (주)도서출판 보리 | **출판등록** 1991년 8월 6일 제9-279호
주소 (10881) 경기도 파주시 직지길 492
전화 031-955-3535 | **전송** 031-950-9501
누리집 www.boribook.com | **전자우편** bori@boribook.com

ⓒ 김병하, 신혜경, 한민혁, 2025

이 책의 내용을 쓰고자 할 때는, 저작권자와 출판사의 허락을 받아야 합니다.
잘못된 책은 바꾸어 드립니다.

값 9,000원

*보리는 나무 한 그루를 베어 낼 가치가 있는지 생각하며 책을 만듭니다.

ISBN 979-11-6314-424-3 (74910)
　　　979-11-6314-423-6 (세트)

제품명 도서 **제조자명** ㈜도서출판 보리 **주소**(10881) 경기도 파주시 직지길 492 **전화번호** (031) 955-3535
제조년월 2025년 8월 **제조국** 대한민국 **사용연령** 10세 이상 **주의사항** 책의 모서리가 날카로우니 다치지 않게 주의하세요.
KC 마크는 이 제품이 공통안전기준에 적합하였음을 의미합니다.